Barti Ddu, Môr-leidr o Gymru

Argraffiad cyntaf: Mai 2005

Rhif Llyfr Safonol Rhyngwladol:
0-86381-981-8

Cynllun clawr: Adran Ddylunio Cyngor Llyfrau Cymru

Cyhoeddir dan gynllun comisiwn
Cyngor Llyfrau Cymru

Argraffwyd yn yr Eidal

Cyhoeddwyd gan Wasg Carreg Gwalch,
12 Iard yr Orsaf, Llanrwst, Dyffryn Conwy, LL26 0EH.
☎ 01492 642031
🖷 01492 641502
✆ llyfrau@carreg-gwalch.co.uk
Lle ar y we: www.carreg-gwalch.co.uk

Straeon
Plant Cymru
4

Barti Ddu, Môr-leidr o Gymru

Myrddin ap Dafydd

Lluniau gan James Field

Does unman yng Nghymru ymhell iawn o'r môr. Does ryfedd felly fod y môr yn bwysig iawn yn hanes y wlad. Mae llawer o draethau llyfn, braf ar hyd y glannau – ond mae yma hefyd glogwyni a chreigiau garw iawn.

Felly hefyd y bobl oedd yn byw ar lan y môr erstalwm – roedd rhai'n bysgotwyr a llongwyr yn byw bywyd eithaf tawel, ond roedd eraill yn rhai garw yn byw bywydau peryglus. Roedd smyglo dirgel a chuddio nwyddau – fel brandi a thybaco – mewn ogofâu yn beth cyffredin iawn ar arfordir Cymru. Mewn mannau eraill, byddai lladron y glannau'n denu llongau diniwed at y creigiau ac yn dwyn eu cargo.

Ond mae Cymru'n enwog iawn am ei môr-ladron. Morwyr mentrus – a chreulon iawn ar brydiau – oedden nhw. Roedd bywyd yn un antur fawr i'r môr-ladron, a'r un mwyaf llwyddiannus yn y byd erioed oedd y Cymro o sir Benfro, Bartholomew Roberts – Barti Ddu.

Ychydig dros dri chan mlynedd yn ôl, ganwyd Barti Ddu yng Nghasnewydd-bach, pentref tawel yng nghefn gwlad sir Benfro. Bachgen y tir, nid bachgen y môr, oedd Barti i ddechrau; roedd ei wên ddireidus a'i fop o wallt cyrliog, du yn ei wneud yn boblogaidd gyda phawb yn y pentref – pawb, hynny yw, heblaw am y cipar.

Gan mai clocsiwr tlawd oedd tad Barti, digon prin fyddai'r bwyd yn y tŷ yn aml. Er mwyn helpu ei deulu, byddai Barti'n dal cwningod a photsio pysgod yn yr afon ar dir sgweiar y plas. Gwaith y cipar oedd gofalu am y tir, yr afon a'r creaduriaid, felly roedd hwnnw, wrth gwrs, am waed y bachgen drwg! Ond roedd Barti'n ormod o dderyn iddo ei ddal.

Roedd Barti wrth ei fodd yn gwneud hwyl am ben y cipar druan. Rhoddodd dywarchen ar ben corn simnai ei fwthyn un tro nes bod mwg y tân yn llenwi'r tŷ. Chwarddai'r bachgen direidus y tu ôl i'r clawdd wrth weld y cipar yn dod allan drwy'r drws yn pesychu mwg, a'i lygaid yn goch.

Pan glywodd y sgweiar am gampau'r bachgen o Gasnewydd-bach roedd wedi gwylltio'n gacwn, ac fe wnaeth bywyd yn anodd iawn iddo. Roedd gwrthod plygu i'r sgweiar yn beth peryglus i'w wneud yng Nghymru yn y cyfnod hwnnw, a phan oedd Barti'n dair ar ddeg oed penderfynodd – fel llawer o fechgyn ifanc eraill yr ardal – fynd i'r môr. Gweithio ar longau hwyliau yn cario nwyddau'n

ôl ac ymlaen ar draws y moroedd mawr wnaeth Barti ar y cychwyn. Hwyliodd i ynysoedd y Caribî a chario llwyth o siwgwr oddi yno. Hwyliodd i Affrica a dychwelyd gyda llond y llong o gaethweision. Hwyliodd i'r India a'r Dwyrain Pell gan ddod â chargo o lestri a sbeisys drud yn ôl o'r mannau hynny.

O'r dechrau un, roedd Barti Ddu wrth ei fodd gyda bywyd y môr. Roedd clywed sŵn yr awelon yn yr hwyliau a llepian y tonnau yn erbyn ochrau'r llong yn gerddoriaeth i'w glust. Hyd yn oed pan oedd stormydd yn codi ar rai o foroedd mwyaf tymhestlog y byd, dim ond chwerthin a wnâi Barti a mwynhau'r ddrama a'r cyffro. Roedd y môr wedi mynd i waed y bachgen o Benfro.

Buan y daeth capteniaid y llongau y bu'n gweithio arnynt i sylweddoli fod Barti'n llongwr naturiol hefyd. Cafodd swyddi pwysig gan sawl capten, ac ar ôl rhyw ugain mlynedd ar y môr, roedd yn Ail Fêt ar long oedd ar ei ffordd yn ôl i Fryste o'r Dwyrain Pell.

A dyna pryd y newidiodd holl gwrs ei fywyd. Wrth i'w long groesi bae ger arfordir Ffrainc, roedd y gwynt yn fwyn a'r môr yn dawel. Roedd Barti Ddu ar ei bwrdd, yn ymlacio'n braf, pan welodd

long arall yn nesu atynt.

Roedd rhywbeth yn wahanol ynglŷn â hon. Wrth iddi glosio, sylwodd Barti gyda braw ei bod wedi'i phaentio'n ddu i gyd. Llong môr-ladron oedd hi! Gwaeddodd ar ei forwyr a galwodd am ei gapten. Ond roedd hi'n rhy hwyr i ffoi. Roedd llong y môr-ladron yn rhy gyflym i long lwythog Barti Ddu. O fewn ychydig funudau roedd llong y lladron yn gyfochrog â nhw, a'r criw eisoes wedi taflu rhaffau-â-bachau ac wrthi'n dringo'n chwim o un llong i'r llall. Edrychodd Barti ar wynebau caled a chreithiog y môr-ladron.

"Gafaelwch mewn pastwn neu chwip!" gwaeddodd Barti Ddu ar ei griw ei hun gan dynnu'i gleddyf. "Rhaid inni eu cadw draw . . . "

Ond doedd gan griw o forwyr cyffredin ddim gobaith yn erbyn y môr-ladron penderfynol a phrofiadol. Yn fuan iawn, roedd haid y llong ddu wedi trechu ac yn dal criw llong Barti yn garcharorion.

"Beth nawr?" meddyliodd Barti Ddu. Roedd wedi clywed digon o straeon pa mor ffiaidd a threisgar y gallai môr-ladron fod.

Tra oedd yn sefyll ar fwrdd y llong yn disgwyl ei dynged, dechreuodd Barti Ddu wrando'n astud.

Roedd wedi clywed sŵn cyfarwydd iawn. Wedi bod ar y môr am flynyddoedd lawer, roedd Barti Ddu wedi arfer â chlywed sawl iaith o bob rhan o'r byd. Ond roedd yr iaith hon yn wahanol – ei iaith ef ei hun oedd hi. Ie, siarad Cymraeg â'i gilydd roedd y môr-ladron!

"Wel, dyma beth yw traed moch!" cyhoeddodd Barti'n uchel yn ei iaith ei hun.

"Beth ddwedaist ti?" holodd y môr-leidr agosaf ato mewn syndod. "Hei, Elsyn – Cymro ydi hwn! Dos i ddweud wrth y capten."

Cyn hir, roedd capten y môr-ladron – gŵr o Gaerfyrddin o'r enw Hywel Dafydd – yn sgwrsio'n hwyliog gyda'r llongwr o Gasnewydd-bach.

"Yn tydi'r byd 'ma yn lle bychan!" rhyfeddodd Hywel Dafydd. "Gwranda, Barti, ar ôl i ni ysgafnu tipyn ar lwyth y llong yma mi fyddwn yn hwylio am lannau Sbaen ac Affrica. Ro'n i'n sylwi dy fod ti'n ymladd yn ddewr. Oes 'da ti awydd ymuno â ni a chael tipyn o hwyl ac antur?"

Neidiodd Barti Ddu at y cyfle. Toc, roedd yn camu ar fwrdd y llong ddu ac yn newid cwrs ei fywyd unwaith eto.

Gwnaeth argraff dda ar y môr-ladron ar unwaith. Roedd hyd yn oed yn fwy mentrus na'r un mwyaf dewr yn eu plith. Ymhen fawr o dro roedd y Capten Hywel Dafydd wedi gwneud Barti yn Fêt Cyntaf. Roedd yn arweinydd naturiol ar ddynion, yn eu trin yn deg ond yn cadw at reolau cadarn hefyd.

Dechreuodd fwynhau'r cyffro a'r cyfoeth oedd yn rhan o'i fywyd bob dydd erbyn hyn.

Yna, bu trychineb. Wrth iddynt ymosod ar long ger glannau Affrica, cafodd y Capten Hywel Dafydd ei saethu a'i ladd fel roedd y môr-ladron yn byrddio llong. Dim ond ers chwe wythnos yr oedd Barti Ddu wedi bod yn fôr-leidr. Beth fyddai'n digwydd nawr?

Ar ôl trechu'r llong, dwyn ei thrysorau a hwylio'n ddigon clir oddi wrthi, daeth y môr-ladron ynghyd ar fwrdd eu llong ddu i gynnal senedd a dewis arweinydd. Pwy fyddai'r capten newydd?

Dim ond un enw oedd ar wefusau'r môr-ladron:

"Barti Ddu!"

"Barti Ddu o Gasnewydd-bach!"

Roedd y capten newydd yn plesio'r criw. Roedd Barti Ddu'n credu mewn cadw trefn dda ar ei long a doedd y môr-ladron oedd dan ei ofal ddim yn cael gamblo, na rhegi, na ffraeo nac ymladd ymysg ei gilydd, ac roedd yn rhaid diffodd pob golau am wyth o'r gloch y nos. Doedd neb yn cael yfed diodydd meddwol tra oedd y llong ar y môr chwaith – wnaeth Barti Ddu ddim yfed diferyn o win na brandi ar hyd ei fywyd; paned o de oedd ei hoff ddiod!

Roedd dydd Sul yn ddiwrnod arbennig iddo – ni fyddai byth yn ymosod ar long ar ddydd Sul a byddai'n aml yn cynnal gwasanaethau crefyddol ar y dec agored. Dychmygwch griw o fôr-ladron yn morio canu emynau!

Pan fyddai môr-leidr newydd yn ymuno â'r criw, byddai'n rhaid iddo roi ei law ar Feibl Cymraeg a thyngu llw o ffyddlondeb i'r capten.

Eto i gyd, roedd y môr-ladron yn meddwl y byd o Barti. Pan fyddai rhai ohonynt yn cael eu hanafu mewn brwydr, byddai Barti'n talu iddynt gael mynd i'r lan i wella. Roedd hen fôr-ladron oedd yn ymddeol yn cael pensiwn ganddo, hyd yn oed – roedd yn ddyn o flaen ei amser!

Ond yn fwy na dim, roedd y môr-ladron yn

edmygu Barti Ddu am ei fod mor ddewr a llwyddiannus. Nid oedd ganddo ofn neb na dim ac, fel arfer, ef fyddai'n ennill pob brwydr – gan ddod â chyfoeth mawr i'r criw, wrth gwrs.

Y dyddiau hynny, roedd llongau o Sbaen, Portiwgal a Lloegr yn hwylio i ganolbarth a de America ac yn dwyn tunelli o aur a thrysorau oddi ar y brodorion yno. Y cyfan fyddai'r môr-ladron yn ei wneud fyddai ymosod ar y llongau hynny pan oeddent ar eu ffordd yn ôl i Ewrop, ac ysgafnu tipyn ar eu llwyth. Wedi'r cyfan – yn eu tŷb nhw – nid dwyn ydi cymryd eiddo lleidr!

Er mwyn amddiffyn eu hunain, byddai'r llongau trysor yn hwylio gyda'i gilydd yn un llynges niferus, gyda llongau rhyfel enfawr yn eu gwarchod. Un tro, hwyliodd Barti Ddu ei long fechan, gyflym i harbwr Bahai lle'r oedd deugain o longau o Bortiwgal wedi angori. Llusgodd ddwy hen long gydag ef, gan roi'r rheiny ar dân a chreu cynnwrf mawr yn un rhan o'r harbwr. Tra oedd y llongau rhyfel yn ceisio diffodd y tân, dihangodd Barti a'r criw gyda llong drysor y *Sagrada Familia*, a ffortiwn gwerth £20 miliwn oedd ar ei ffordd yn ôl at frenin Portiwgal!

Fel Cymro da, roedd Barti Ddu yn hoff iawn o lenyddiaeth a cherddoriaeth. Byddai band pibau ar fwrdd ei long bob amser, a drymwyr o Affrica. Arferai ganu cân ryfel bwerus cyn ymosod ar long, ac ar ôl cipio carcharorion byddai'n rhoi adloniant iddynt drwy eu gwahodd am baned o de ac egwyl gerddorol yn ei gaban tra byddai ei ladron yn gwagio'r llong. Roedd yn casáu trais diangen, a byddai'r merched oedd yn teithio ar y llongau oedd yn cael eu cipio ganddo bob amser yn ddiogel o dan ei ofal.

Os oedd ganddo wendid, yna dillad lliwgar oedd hwnnw. Gwisgai'n ysblennydd bob amser – gwasgod goch a llodrau damasg drud, plufyn coch yn ei het a chadwyn aur a chroes ddiemwnt arni am ei wddw fel arfer. Safai â chleddyf gloyw yn ei law, a phâr o bistolau ynghlwm wrth rwymyn sidan coch dros ei ysgwyddau. Byddai'n hoff o swagro, yn hoff o ddywediadau doniol a thynnu coes, a chan ei fod i'w weld mewn dillad sgarlad yn aml, fe'i gelwid *"le joli rouge"* gan y Ffrancwyr: "y cochyn hardd"!

Rywsut aeth y "*Joli Rouge*" yn "*Jolly Roger*" – ac fe ddaeth hwnnw'n enw ar faner fygythiol y môrladron, sef penglog ac esgyrn croes yn wyn ar faner ddu. Barti Ddu ddyfeisiodd y faner honno, ac ef oedd y cyntaf i'w defnyddio ar ei long. Lle bynnag y gwelid y faner honno, gwyddai morwyr masnach a llongau rhyfel gwledydd Ewrop na fyddent yn hir cyn disgyn i ddwylo yr enwog Barti Ddu.

Roedd ei enw'n codi braw ar longwyr Sbaen, Lloegr a Phortiwgal. Ymosododd ar eu porthladdoedd a'u cestyll ar hyd gorllewin Affrica, ac yn ynysoedd y gorllewin a gwledydd America. O fewn dwy flynedd roedd wedi ymosod ar dros bedwar cant o longau ac wedi cipio cymaint o aur nes bod yn rhaid iddo gael llong fwy, ynghyd â dwy long ychwanegol, i lusgo'i drysorau gydag ef! Cafodd gynnig pardwn gan frenin Lloegr pe bai'n rhoi'r gorau i fod yn fôr-leidr – ond gwrthod y cynnig yn dalog wnaeth Barti Ddu.

Am gyfnod o ddwy flynedd a hanner, roedd ei enw ar wefusau pob morwr. Roedd yn ddraenen yn ystlys llywodraethwyr Ewrop a dechreuodd y rheiny anfon eu llyngesau allan i'r môr i'w hela. Eto, llwyddo i'w hosgoi bob tro, gan daro yn

rhywle gwahanol – dyna oedd hanes Barti Ddu a'i
fôr-ladron.

Erbyn hynny, y *Royal Fortune* oedd enw ei
long – llong fawr oedd braidd yn drwsgwl a
lletchwith i'w thrin. Heb yn wybod iddo, roedd
llynges Lloegr ar ei drywydd, a gŵr o'r enw
Capten Ogle am ei waed.

Ar 10 Chwefror, 1722, roedd Barti Ddu'n
mwynhau ei frecwast ar y *Royal Fortune* mewn
cilfach guddiedig ar Ynys y Parot oddi ar orllewin
Affrica. Yn sydyn, daeth Capten Ogle ar ei draws a
nabod y faner.

Bu'n frwydr ffyrnig, gas. Roedd llong y môr-
ladron wedi'i chornelu ac yn darged hawdd i
ynnau mawr llong rhyfel Capten Ogle. Pan safodd
Barti Ddu ar y dec yn ei ddillad lliwgar i geisio
calonogi ei fôr-ladron, roedd yn darged rhy hawdd.
Cafodd ei saethu yn ei wddw a disgynnodd y môr-
leidr mwyaf llwyddiannus erioed yn gelain ar
fwrdd ei long.

Felly y bu farw Barti Ddu. Ond ni fu'r chwedl
farw.

Yn hytrach, tyfodd y straeon am ei fywyd, ei
gymeriad a'i anturiaethau lliwgar. Roedd oes aur
y môr-ladron bron ar ben, a does dim dwywaith

mai Barti Ddu oedd y mwyaf enwog ohonynt i gyd – casglodd fwy o aur ac ymosododd ar fwy o longau na neb arall mewn hanes.

Daeth y straeon yn ôl adref i Benfro, ac yn ddistaw bach roedd pobl ei bentref genedigol, gwledig yng nghanol y sir, yn teimlo'n falch o'r bachgen gwallt du, cyrliog oedd wedi tynnu blewyn o drwyn rhai o lywodraethwyr mawr y byd gyda'i gampau ar y môr. Ymhen amser, codwyd carreg fawr ar lain o dir glas yng nghanol y pentref i gofio am Barti Ddu, y môr-leidr enwog.

Sgrifennodd un o feirdd Cymru, I.D. Hooson, faled sionc i gofio amdano ac mae llawer o blant yn gyfarwydd iawn â hi:

"Barti Ddu o Gasnewy' Bach,
Y morwr tal a'r chwerthiniad iach,
    Efô fydd y llyw
    Ar y llong a'r criw:
Barti Ddu o Gasnewy' Bach."

Straeon Plant Cymru 1
Straeon y Tylwyth Teg

Mae llawer o straeon am y 'bobl fach' yng Nghymru – dyma bedair ohonynt.

Straeon Plant Cymru 2
Ogof y Brenin Arthur

Bugail yn cael y braw rhyfeddaf wrth ddod ar draws llond ogof o drysorau a milwyr yn cysgu . . .

Straeon Plant Cymru 3
Gelert, y Ci Ffyddlon

Un o ffefrynnau plant Cymru – stori am gi Llywelyn, y babi yn y crud a'r blaidd . . .